글빛 아래
첫 문장

글빛 지음

목 차

글빛 아래
첫 문장

여는 말 … 4

제1부 • 피어나는 마음들 : 봄 … 7

제2부 • 한가운데의 우리들 : 여름 … 33

제3부 • 천천히 물드는 생각들 : 가을 … 61

제4부 • 조용히 다가온 말들 : 겨울 … 83

닫는 말 … 112

추신 글빛의 마지막 인사 … 115

여는 말 … 1

 글빛 아래 첫 문장을 엽니다.

 글빛은 2025년 처음 창설된 강릉 문성고등학교의 문예부입니다.
 글을 계속 써왔던 학생도 있지만, 대부분 동아리에서 처음 글을 쓰기 시작했습니다.
그래서 여러분이 보시기에 조금 서투를지 모릅니다. 그치만 서툰 문장 속에는 학생들의 땀과 고민, 마음이 뒤섞여 있습니다.
글빛이 써낸 서툰 문장들이 여러분의 마음속에서 빛을 내어 완전해질 수 있기를 바랍니다!

글빛 2기 김예경

여는 말 … 2

임용고시를 준비하던 시절, 언젠가 내가 가르치는 아이들과 함께 시집을 출간해 보고 싶다는 막연한 꿈이 있었습니다. 그때는 상상 속의 이야기였지만, 이제는 그 꿈이 현실이 되었습니다.

누가 시키지 않아도 몇 편씩 시를 더 써오고, 누구보다 진심으로 고심하며 작품을 다듬던 아이들과 함께, 드디어 제 꿈을 실현하게 되었습니다. 제 꿈을 함께 이루어준 우리 아이들에게 이 자리를 빌려 진심으로 고맙다는 인사를 전합니다.

아이들과 함께 '자신의 인생 작품으로 N행시 창작하기', '시집에 답시 쓰기', '1학기 상반 결산', '랜덤 시어 뽑아 창작하기' 등의 다양한 주제로 자신만의 시를 써 내려갔습니다. 읽는 분들도 한 편, 한 편을 찾아보는 즐거움을 느끼시리라 믿습니다.

'첫 시집', '첫 문예부'라는 타이틀이 주는 설렘과 부담이 교차했지만, 그 모든 감정이 결국 '기쁨'으로 귀결되었음을 이제야 깨닫습니다.

'글빛 아래 첫 문장'이라는 이 시집에는 10대의 마음으로만 그려낼 수 있는 맑고 순수한 100편의 작품이 담겨 있습니다. 그 속에는 아이들의 시선과 목소리, 그리고 그 곁에서 함께 호흡했던 지의 시간이 함께 녹아 있습니다.

제 인생 작품인 정현종 시인의 '방문객'으로 시집의 포문을 열겠습니다. 부디 이 책을 펼치는 순간, 아이들의 시 한 편한 편이 당신에게 조용한 '방문'이 되기를 바랍니다.

그리고 그 방문이 필경 '환대'가 되어, 저와 아이들의 시간을 함께 음미해 주시길 바라봅니다.

글빛 지도교사 이수진

방문객

정현종

사람이 온다는 건
실은 어마어마한 일이다.
그는
그의 과거와
현재와
그리고
그의 미래와 함께 오기 때문이다.
한 사람의 일생이 오기 때문이다.
부서지기 쉬운
그래서 부서지기도 했을
마음이 오는 것이다.
그 갈피를
아마 바람은
더듬어볼 수 있을
마음.
내 마음이 그런 바람을 흉내낸다면
필경 환대가 될 것이다.

제1부

피어나는
마음들 : 봄

사 진

사진을 찍는 건 이쁘다
사진 작가는 사진을 잘 찍는다.
나도 사진을 잘 찍고 싶다
사진 작가에게 사진이란
인생이다

글빛 2기 강채우

벚꽃

벚꽃은 예쁘다
개나리는 예쁘다. 벚꽃보다는 아니지만
진달래는 예쁘다. 벚꽃보다는 아니지만
한채림은 예쁘다. 벚꽃보다

벚꽃은 아름답다. 세상에서 1순위로
튤립은 아름답다. 세상에서 2순위로
장미는 아름답다. 세상에서 3순위로
한채림은 아름답다. 세상에서 0순위로

글빛 2기 한채림

낭만으로 가득 찬 응급실

환자에게, 동료에게 용기를
불어넣어주고

또 낭만으로 응급실을 채워주는
의사의 한마디가 사람을
살리고 돕는다.

낭만으로 가득찬
만남 속에서
닥쳐오는 고난을 극복하고
터프하게 항상
김사부라는 이름으로
사람을 살리며
부용주라는 이름보다 김사부라 불리는 자신을 좋아한다.

글빛 2기 김민정

가장 찬란한 이별

이게 우리의 마지막일 거야
분명 가슴 아프겠지
행복한 이별이 어디있어
그건 분명 거짓말일 거야
하지만 난 네가 행복할 수 있도록
웃으며 이별할 거야
너도 행복의 눈물을 지어줘
가장 행복한 이별을
우리는 마주할 거야

글빛 2기 김승연

고백

고백할 것이 있습니다.
축제를 핑계로 받은 용돈을 모두 만화 보는 데 썼습니다.
공부한다며 독서실에 가서 드라마를 봤습니다.
학원에 늦게 남아 낙서만 했습니다.
이런 나의 장래가 정말 기대됩니다.
어떡하면 좋을까요?
고백할 것이 있습니다.
나는 좀 더 나은 사람이고 싶습니다.
그러나 마음처럼 되는 일이 하나도 없어서
언젠가부터는 모두 포기해 버렸습니다.
오늘 집으로 돌아가고 나면
꼭, 숙제해야지, 공부해야지, 생각해 놓고
집에 가면 포기합니다.
...
어떡하면 좋을까요?

글빛 2기 김예경

사 랑

사랑
소리 없는 사랑
사랑
서로 하는 사랑
사랑, 누군가를
살릴 사랑
사랑
실리 없는 사랑
사랑
손사리 치는 사랑
사랑, 누군가를
사랑한다고 큰소리로
말할 수 있는 내 자랑

사랑
누구랑
너랑

글빛 1기 채윤호

아몬드

아직 서툴고 부족해도
모든 사람의 마음을 이해하려는 노력이
드러날 때 더 따뜻해진다.

글빛 2기 박수하

햇살같은 마음

당신이 말한 행복은
멀리 있지 않습니다.

바람이 스치는 순간,
풀잎의 웃음 속에서
내 마음도 햇살처럼 따뜻해졌습니다.

글빛 2기 박수하

먼지에게

먼지를 비춰주는 햇살도 멋지지만,
햇살에 별이 되는 먼지도 멋지니까.
먼지에 불과해도 괜찮다.

글빛 2기 김예경

마음으로 피운 꽃

어버이날 아침 햇살처럼
조심스레 꽃을 들고
엄마, 아빠 앞에 섰어요

말로 전하지 못한 고마움
눈빛으로 전하며
꽃 한 송이에 마음을 담았어요.

세상의 모든 봄을 다 줘도
부족한 사랑이기에
작은 이 꽃이 부끄럽지만,

부모님의 웃음 속에 피는 걸 보며
이제야 알겠어요
사랑은 주는 것보다
받는 것이 더 큰 선물이라는 걸.

글빛 2기 박수하

MINE

너의 손을 잡아
복사꽃 가득 핀 거리를 걷고 싶어

너의 마음이 담긴
밤하늘에 유성우가 내리네

글빛 1기 신채현

별의 소녀

차가운 바람이 스치고
이 별, 저 별
하나둘 하늘을 채우네

나의 작은 별은 빛이 되어라
너의 작은 별은 빛이 되어라
소녀는 작은 별들과 함께
노래를 부르네

들판에 별빛이 내려 비친 시간에
나는 수많은 별을 세어가며
너를 기다리네

글빛 1기 장아현

처음

처음으로 글을 쓴다
엉망으로 써도 좋다.
처음이니까.

처음이라 그래
처음이라 그랬어

모두에게 주어진 가장 공평한 변명
모두에게 주어진 마지막 포장지

글빛 1기 김민서

다시 나에게로

사랑을 받는 것보다
주는 것이 더 행복하다지만,

나의 사랑을 받고 행복에 겨운
네 표정이,
네 목소리가,
네 행동이,
다시 나에게로 와 내가 더 큰 사랑을 받는다.

그럼 나는 또
더 큰,
한없이 큰,
사랑을 네게 주겠노라고 오늘도 다짐한다.

글빛 지도교사 이수진

이제서야, 뒤늦게

그대가 내 이름을 불러주기 전
나는 그저 스쳐가는 바람,
흩어져가는 발자국에 불과했습니다.

그대의 또렷한 목소리 한 줄기가
제 마음을 따듯하게 감싸오고
뒤이어 나는 비로소
저의 존재를 알게 되었습니다.

꽃이 스스로 꽃인 걸 모르는 듯
그대의 눈빛 속에 비친
제 모습을 보고 나서야
진정 제 모습을 알게 되었습니다.

이제 나도 한번 그대 앞에서
그대 이름을 소리 내어 불러봅니다.

글빛 3기 전하윤

새벽

그 짧은 별빛마저 옅어지던 때
별빛마저 가져간 달빛의 주인

글빛 2기 김서율

날개

날지 못한 싹은 봉우리를 틔웠고
개화하지 못한 새는 날개를 돋아내었다.

글빛 2기 윤도현

보고픈 그 님

봄이라 보고픈가, 아님
꽃이 피어서 보고픈가

벗나무 잎이 날리는 것을 보며
떠나가신 님을 떠올리고

꽃같은 그 님께서도
계절이 돌아오듯
돌아오시면 감사할 따름이지요.

글빛 2기 김민정

두보

두보 걷고
나라 한 번 보고

두보 걷고
나라 한 번 보고

두 팔 걷고
신하는 왕을 업고

두보 걷고
두보 걷고

그가 살던 나라는 이제는 없고

두보 보다는
이백보가 더 좋고

글빛 1기 채윤호

남은 울림

건반 위에 스친 너의 손길,
사라져도 메아리가 되어
내 마음 속에 오래 머문다.
멈춘 선율은 침묵이 아니라
그리움으로 다시 흐른다.

글빛 2기 강채우

헤어짐

라이터가 작동하기 전
글을 쓸 생각은 없고
라이터가 작동하는 후
몸은 잠에서 깨어나고

불을 붙이기 전
큰 소리로 말하고
불을 붙이는 후
글을 쓸 몸은 없고

라이터가 작동하기 전
무언가 마음에 안 들었고
라이터가 작동하는 후
불만을 사방에 토 해내고

불을 붙이기 전
결심을 얘기하고
불이 꺼지는 후
글을 남겨야겠단 생각만

죽기 전
무언가를 남겨야겠단 생각만
다시 잠들기 전
진실을 밝혀내야겠단 생각만
다시 일어났을 때
그 사람은 없었다

죽기 전
누군가 알아줬으면 좋겠다

불이 꺼지는 후
한참이 지나는 후
아무것도 타지 않았다
타버리는 것은 앞으로 남은

죽은 후
아무도 말해주지 않는다
8년이 흐른 후
이상한 소문만이 도는다
다시 만났을 때
무언가 있지만 말은 없다
꺼진 후
이제는 알아줬으면 좋겠다

불이 꺼지기 전으로
그때 나 타버리는 게
맞는 것 같다는 생각만
그럼에도 다 타버리는
몸으로 앞으로 살아갈 인생

남은 것은
타기 전에

글빛 1기 채윤호

꽃길을 지나며

임을 떠나보내는
슬픔을 억누르고 삼키며
길에 꽃잎을 떨굼으로써
그대에게 마지막 인사를 남겼습니다.

하지만 돌아서니
꽃잎도 제 마음을 아는 듯
바람의 도움을 받아
떠나시는 임을 열심히
쫓아가더군요.

임의 발자국을 따르던 꽃잎은
잡지 못한 제 마음이었음을.

글빛 3기 전하윤

패배자가 설 곳 따윈 없어!

승리자와 패배자로 나뉘는 이 세상 속에
오늘도 누군가는 낙오되고
오늘도 누군가는 배를 불리지
승리자 사이에 패배자가 있고
패배자 사이에 승리자가 있다지만
그런 건 중요치 않아
중요한 건 우리가 패배했다는 거야
패배자가 설 곳 따윈 없어!
그렇다면 기어가자
패배자도, 승리자도 아닌
이 이분법을 만든 그 누군가에게
주먹을 내지르러 가자

글빛 2기 김승연

3

문학은 내 편일 줄 알았다.
시는 날 품어줄 줄 알았다.
밤새워 푼 문제들이
날 구해줄 줄 알았다.

그러나 시험지 위
딱 하나의 숫자 3
그게 나였고
그게 전부였다.

집에 가는 길 봄바람이 불었다.
시험지 속 오답처럼
내 마음도 찢겼다.

글빛 2기 강채우

제2부

한가운데의
우리들 : 여름

얼음

처음엔 다들
어색한 분위기에
굳어 있었다.
냉동고에 얼어있는
얼음처럼

다같이
같은 교실, 같은 공간에
우르르 모였다.
음료 속에 빠져 모여있는
얼음처럼

점점 서로 바쁘게 뭉쳐간다.
시간이 지나면 지날수록
음료를 차갑게 만들어주는
얼음처럼

자연스럽게 스며들었다.
얼음이 녹아내려
음료의 한 부분이 되는 것처럼

글빛 3기 전하윤

1학기

한 학기가 지나간다
나는 고등학교에 와서 1학기를 총 5번 겪었다.
항상 1학기는 빨리 지나간다.
좋은 반 친구들과 잘 지냈다.
반 분위기 덕분에 시험도 잘 봤다.
하지만 올해 들어 돈을 너무 막 썼다.
2학기엔 덜 쓰기로 맘 먹었다.

글빛 2기 강채우

나의 상반기

힘들었지만 선물을 사주고 좋아하던 동생의 모습에 행복했고
아쉬웠지만 그래도 3등급이라도 떠서 만족했고...

나름 살만한 6개월을 보냈다.

이제 하반기는 더 웃으면서 지내자!!
(하하항하항하- 항항하하하)

글빛 2기 한채림

여름의 향기

옆자리 여자 애한테서 나는
선크림 냄새 맡으면
차에서 선크림 덕지덕지 바르던
여름방학의 여행길이 펼쳐진다
장마가 지나고 밖에 나가
젖은 흙의 냄새 맡으면
젖은 흙 밟고 뛰어놀던
어린 시절의 순수함이 돋아난다
아주 더운 여름을 미화시키는 건
추억을 고스란히 간직한 여름의 향기

글빛 2기 김예경

계곡에서 생긴 일

깊은 물이 나를 삼키던 그날.
작은 손 하나가 나의 어둠 속으로 들어왔다.
엄마, 아빠도 닿을 수 없던 그곳에
너는 왔지.
작은 팔 하나로 나를 끌어올렸다.
나의 작은 외침은
세상의 모든 구조선보다 빠르게
내 마음을 꺼내 주었다.
그때의 너는 나의 영웅이 되었어.

글빛 2기 한채림

지하철

평일 점심
서울로 가는 지하철은
조용하고 평화로웠다.

건너편 자리에 앉아
입을 벌린 채 잠자는
영화 배우 닮은 사람을 보며 키득대고

그동안 하지 못해 쌓인 이야기들을 하고
조용한 분위기를 즐기려 잠시 입을 닫기도 하고
익살스런 표정으로 셀카도 찍고

철컹대던 철길의 소리와
나른한 오후의 햇살과
문이 열리면 들이닥치던 열기가

불현듯 기억난다.

글빛 2기 김예경

치히로

치열한 세상 속에서
희망을 잃지 않고
노력하는 소녀

글빛 2기 김시진

여어름

바깥의 후덥지근 끈적하다 못해 불쾌한 열기

그 열기에 상반되던 서늘한 인공적인 에어컨 바람

온통 흑백색으로 가득한 또 다른 무채색에.
간질간질해 울렁거림과 낯섦을
불쾌함과 헷갈리던 그 해 여름.

여름, 여름, 여어름, 여름.
자꾸 계절도 다른 무언가도 열리려 하길래
이름 대신 엉뚱한 단어를 말하던 때.

가장 강렬하고 시리던 그 해는
분명 영원한 무채색의 여름.

글빛 2기 이예지

이방인

이토록 밝은 태양 그 아래
방황하는 삶의 의미를 모른 채
인간으로서 나는 나로 존재한다.

글빛 2기 김서율

로스트

사랑 그것 시도 공도 막을 수 없는
경주 그것 보다 호수 물의 결핍은
함정 그것 또 어쩌면 거짓말쟁이
좋아하다
바다 그것 해도 달도 늘 볼 수 없는
무거운 짐 범고래도 늘 헤엄치는
올빼미들 소리 밖에 오보에 연주
인정하다
노래 그것 시도 글도 수 많은 시도
모래 같은 소금 겉은 사고일 수도
흉터 딱지 걸음걸이 흐트러지는
수영하다
시련 그런 시험 운도 지배 못하는
압정 찔린 거북이를 잃어버리는
이것 송곳니 기울기 여행하기 좋은
도시에 나무 종류는 한 가지 믿음
온도온난

글빛 1기 채윤호

당신은 그 가까운 나라를 알으십니까

아버지
당신은 그 가까운 나라를 알으십니까?

피칠갑한 그네들이 겨우 되찾았지만
서로 싸우기에 여념이 없고
매정하고도 매정하며
그대의 슬픔에 조소를 날리는
당신이 밟았던 그 나라를 아십니까?
이 나라에는 부디 오지 마세요.
나와같이 먼 나라에 가서 비둘기를 키웁시다.

아버지
그 먼 나라가 그렇습니까?
서글서글 밤비가 내려오면
제 손으로 스스로의 목을 조르는 이 없고
이글이글 태양이 타올라도
남의 목을 조르는 이 없는
이젠 그대가 살고 있는 그 먼 나라는 그렇습니까?

아버지 부디 잊지 마셔요
여기는 돌아올 곳이 못 되옵니다
내가 새빨간 능금을 또옥 따
그곳으로 가리라

글빛 2기 김승연

귀토

나 이 땅에 머무르리라.
와닿아 스러져도 찬란한
백로 더불어 손에 손을 잡고,

나 이 땅에 머무르리라.
반딧불 함께 단둘이서
풀밭에서 놀다가 구름 손짓하여도,

나 이 땅에 머무르리라.
아름다운 이 세상 소풍 끝내기 전,
와서, 아름다웠다라고 말하리라.

글빛 2기 김서율

물거품

물 속에 울려퍼진 인어의 노래는
거품이 되어 바다의
품으로 돌아가네

글빛 1기 장아현

최소한의 대립

언어와 매체
연이어 미쳐
문예부에 들어와
먼 이 바메 늘너와
중간고사를 가치
징한 가시를 거쳐
이젠 마무리
이젠 내 미래

글빛 1기 채윤호

어린 여름

가끔 그리워지는 나의 어렸던 여름
무턱대고 달리고 넘어지고
엉망진창이던 나의 미숙한 여름
덜 익은 풋사과 같던 나의 여름은
빨갛게 익어 단단해졌다.
더 이상 푸르지 않고
더 이상 시지 않다
그래도
여전히
풋사과는 남아있다
붉은 빛이 차오른 사과를
한 입
베어물면
새콤하고, 어딘가 쌉싸름한 맛
여름의 맛이 아직 살아있다
여름은 파도처럼 밀려와
나를 어리던 그때로 휩쓸고 간다
이제는 말해줄 수 있다
충분히 아름다웠다
라고.

글빛 1기 김민서

너는 록을 듣지 않아 - 아이몽 원곡

너는 록을 듣지 않아서
잡아본 적도 없는 통기타를 손에 쥐고

너는 록을 듣지 않아서
어울리지도 않는 마음을 노래해

나는 그런 노래로
저런 노래로

사랑을 헤쳐 나온 거야

글빛 2기 김승연

첫사랑의 그림자

첫사랑은 짧은 순간이었으나
그 떨림은 긴 세월을 넘어
아직도 내 가슴을 두드린다,

그대의 눈빛과
말 없이 건네던 숨결은
세상의 모든 빛을 품은 듯 찬란했고,

비록 머물지 못한 인연일지라도
첫사랑의 이름은 지워지지 않고
별빛처럼 내 밤을 밝혀준다.

글빛 2기 강채우

그대라는 오선지

사랑을 노래하는
그대의 입술에서는
끊임없이
열가닥씩
스무가닥씩
황금빛 물결이
아름다운 선들이
튀는 빛의 꼬리를 물고
쏟아진다.
나는 내 심장을 빼어
먹물 대신 핏물을
핏물에는 사랑을
그대에게는 음표를
찍었다.

글빛 2기 김승연

모순

따뜻한 아이스 아메리카노
딸기를 흉내낸 감기약 시럽
무덥고 뜨거워 시린 여름
아픈 사랑
열 없는 열병
그리고 그 사람

다정하고 강하고 단단한,
웃는게 예쁜 그 사람
이미 자신의 세계를 꽉 채워,
아름답되 들어갈 틈은 한 톨도
남겨놓지 않은 사람

당신을 닮아
결국 세상은 모순투성이

글빛 2기 이예지

은혼

은빛처럼
혼신을 다하는 해결사!

글빛 1기 신채현

망나니 출몰 현장

망나니처럼 살아가는 학생과 모범생
그래도 좋은 선생님 만나 잘 지내

망나니여도 잘 살고 잘 지내

망나니는 망나니일 뿐 그래도
성적은 나쁘지 않네.

글빛 2기 김민정

그대가 삶에 지칠 때라도

비록 그대가 삶에 지칠 때라도
서러워하거나 노하지 말자.
힘든 날엔 마음을 가다듬고
흐름의 몸을 맡기라.

하루하루가 비록 비참할지라도
당신은 한결같이 자신의
자리에서 자신의 삶을
사는 것이 올바른 것이다.

글빛 2기 김민정

나는 무엇을 지었는가

내가 지은 것은
무너지지 않을 모래성이자,
짙은 패색에도 굴하지 않는 견고한 왕국이다.

글빛 2기 운도현

복수

그날,
산책하고 있던 내가 쓰러지고
누군가는 웃으면서 지나쳤다.
그 웃음이 아직도 기억에 남는다.
나는 그날의 복수를 위해
이를 갈고 있다.
나는 돌아간다.
지기 위해서가 아니라 갚기 위해
내가 넘어진 그 자리,
이제는 내가 쓰러뜨릴 차례다.

글빛 2기 한채림

처음으로 마주하는 오늘이라도

누구나 처음 마주하는 오늘이라서
어제보단 나으면 되지 않을까

오늘이 어제와 같다면
내일은 오늘보다만 나으면 되지 않을까

누구나 처음 마주하는 오늘이라
완벽할 순 없다고

숨 막히는 세상 속에
네가 있어 참 다행이라고

그러니까 열심히 살아보자고

글빛 2기 김민정

집으로....

집들 사이에 사람이 있다
그 사람은 집에 가고 싶다
그 사람은 집에 가기 위해 고군분투 일한다
고생 끝에 나를 반겨주는 집으로... 간다

글빛 1기 신채현

향수

희미해진 기억들도
찾을 수 있도록
도와주는 도구
향수

스쳐 지나간 사소한 기억
잊고 싶지 않은 과거 속
소중한 연인들까지
바람에 실어

나의 앞에 친히
데려다준다.

다른 공간 다른 시간 속에
있는 네게도

나의 향수가
닿을 수 있기를

네 코 끝에 닿아
마음을 울릴
깊은 여운이 남기를

글빛 3기 전하윤

제3부

천천히 물드는
생각들 : 가을

하숙

부디 창문을 열어줄래
당신의 세계에 들어갈 수 있게
그 아름답고 단단한 곳에
나도 속할 수 있게

당신의 초대 없이는
차마 갈 수 없는
그 깊숙한 곳까지도

단 한 칸이라도 내어줄래
계속 불어만 가는
이 모든 걸 추스릴 수 있게

글빛 2기 이예지

그대의 속삭임

어둠이 내 창가를 두드릴 때
그대의 숨결이 스며들었지.

우리의 단잠을 방해하면
너는 이 세상에서 사라질 것이다!!

너가 아무리 날 유혹해도
난 넘어가지 않으리!!

글빛 2기 한채림

억념

부러진 날개야
자유로울 수 있는 곳으로 다가가자

온화하던 나를 데려다
썩어가는 세상에서 자유로운 세상으로

다시 또 다시

완전한 날개를 펼칠 순간이 올 때까지
내가 어떤 날개를 펼 수 있는지 보여줄 수 있도록

글빛 2기 김서율

창포 다리

창포 브릿지 아래 남대천은 마르고
비가 오르지 몰라 수달은 침이 마르고
기쁨은 언제나 고통 뒤에 온다는
아씨 단 수 속에 집어 넣으리

남산 브릿지 아래 남대천 바닥 드러나고
비여 오라 가뭄은 오지 마라
세월이 흐르고 나는 남는다
나만 남아서 뭐하나

내곡 브릿지 아래 남대천이 어딨지
비는 내렸다 말았다
밤은 왔다 갔다
다리 비칠 물이 없다

홍제 브릿지 아래 남대천이 있었나
사랑도 물결처럼 흘러내리고
흘러내릴 물도 물결도 없는데
어디로 가는가

강릉 빅 브릿지 아래 남대천이 있었지
그 언젠가 그 아래 물이 있었지
그 물을 남대천이라 브울렀지

글빛 1기 채윤호

아스트로넛

밍밍하고 맛없는 카레
전부 다 먹으니 씁쓸한 맛이 입안에 맴돈다
물컹한 당근과 감자의 식감이 느껴진다

싱크대에 덩그러니 남겨진 접시
어질러진 접시들이 마치
넓고 넓은 우주 속에 저마다의 우주선 같다
각자의 행성을 탐험하는지
멀리서 반짝이는 별이 꺼져간다
큰 물줄기가 싱크대 전체를 뒤덮는다
우주를 항해하던 접시들 곧 제자리를 찾아 돌아간다
나의 작은 우주가 사라졌다

글빛 1기 신채현

그렇게 나는 소설을 놓았다

내 손으로 그녀를 죽였다
사랑해 마지 않는 그녀를 죽였다

내가 엮은 활자들에 그녀에겐 멍이 생기고
내가 누른 엔터키에 그녀는 추락한다

오로지 소설 속에 인형이 된 그녀는 그렇게 죽었다

나는 속으로 울었다
그녀를 그리워하는 그와 같이 울었다

그녀의 죽음에 미소 짓는
내가 너무 싫어 울음이 나왔다

그렇게 나는 소설을 놓았다

글빛 2기 김승연

사라지는 것들

소리 없이 잊혀지는 계절들
소리 없이 달려가는 시간들
바뀌는 계절 사이
시간은 흘려만 가네

글빛 1기 신채현

낙역

고통은 오늘도 나를 찾아와
다시 한번 내게 인사를 묻겠기에

고통을 닮은 파도는
어김없이 또 나를 향해 밀려오겠기에

파도 밑에 잠겨 있는 어류는
바깥이 항상 두렵기만 하겠기에

파도 위를 날고 있는 조류는
나는 것이 무척 힘겹고 지치겠기에

파도가 사라져버린 이 별은
또한 머지 않아 사라지겠기에

사라질 때 빛을 내쉬는 그대는
고통과의 이별을 기리기 위함이겠기에

고통이 완전히 내 곁을 떠나는 날은
아마도 그 날은 나의 기일이겠지

글빛 2기 윤도현

섬보다는 방!

사람들 사이에 섬은 어디 끝자락의 무인도이기도 하고
맨해튼처럼 사람이 넘치기도 한다.
나라면 맨해튼 말고 무인도에 갈 테다.
나라면 무인도 말고 방에 있을테다.
내 앞에 있는 섬은 비워두고
혼자서 놀을테다.

글빛 2기 김예경

탈색모의 계절

어릴 땐 겨울이 와 잎이 떨어져나간 나무를 보며 대머리라 놀렸
었다.
파릇파릇한 여름 나무는
머리털이 풍성한 젊은 나무.
그렇다면
노랑빨강 색을 물들인 나무들은
탈색을 한 멋쟁이 나무겠지.

글빛 2기 김예경

날다

지치지도 힘들지도 않은지
쉴 새 없이 휘젓고 뛰어다니는 사람

넌 잘 모를지라도
내겐 뚜렷이 보인다

고개를 아무리 꺾어도 시선이 닿지 않을 만큼
날아오를 네가

그래서 넌 나도 날게 해
자꾸만 날아오르고 싶게 마치 그럴 수 있다는 듯이
날 다 엉망으로 만들어

글빛 2기 이예지

돈이 없어도

돈이 없어도 사랑할 수 있다는 사람
어디 한 번 돈을 모두 뺏겨봐야 알까
삶이 힘들고 사랑은 찾을 수 없는 사람
돈이 없으면 사랑할 수 없다는 결과

돈이 있으면 자랑할 거리 찾는 사람
인생이 어려우면 최단거리로 가는 사람
하필 그마저도 포기하고 놓는 거야
왠지 이러면 누군가 날 보지 않을까

누군가 보기야 하겠다만 거기서 끝이야

길이 있으면 가장 먼저 찾아갈 사람
가장 빨리 도착하는 경로로 달릴 나야
돈이 있으면 제일 먼저 생각나는 사람
돈이 없어도 제일 생각하는 너가

이제 끝내고 편히 쉬면 좋겠단 거야
돈은 아무 상관 없는 현대 매개체야
현재 내가 제일 원하는 건 널 매일 보는 거야
누가 뭐래도 사랑할 수 있는 너야

글빛 1기 채윤호

Memoria

지난 날과 먼 훗날
창가에 들어오는 희미한 빛줄기
임과의 지난 날의 추억이 새겨지네

당신은 그 날을 우리가 함께 울고 웃었던
그 날의 추억을 기억하고 있나요?

다시 한 번 임을 기억하네
다시 한 번 임을 그리워하네
다시 한 번 임을 찾아 달려가네

아득히 먼 곳까지 임을 쫓아가지만
임은 결국 바람을 따라가네

먼 훗날의 또 다른 그대에게
지금의 삶이 행복하다면
우리가 걸어왔던 지난 날을 다시 한번 더올리고
추억으로 간직해주세요...

글빛 1기 장아현

햇살같은 마음

당신이 말한 행복은
멀리 있지 않습니다.

바람이 스치는 순간,
풀잎의 웃음 속에서
내 마음도 햇살처럼 따뜻해졌습니다.

글빛 2기 박수하

추억들

좋을 수도, 좋지 않을 수도 있는
누구나 하나씩 가진 추억들

모래성처럼 차곡차곡
쌓이기도 하고
번진 잉크처럼 머릿속에서
흐려지기도 하고,

우리에게 남아있는 방식은
다르지만

다른 무언가와
비교도 할 수 없을 정도의
값진 추억들

글빛 3기 전하윤

MIU 404

미친 듯한 두 남자가
우직하게 범인을 쫓는다
사계절이 지나며
영원히 친해질 수 없을 것 같던 둘은
사건을 해결하며 진정한 파트너가 되었다

글빛 1기 김민서

이른 아침의 고백

오늘도
다시 출근할 수 있게
해주셔서 감사합니다.

매일 불평거리를 찾고
투덜대는 나의 삶도,
과거의 내가 그토록 되기를 원했던 삶임을
깨닫게 해주셔서 감사합니다.

투덜대고 짜증 많은 나라도
다시 살아가게
해주셔서 감사합니다.

글빛 지도교사 이수진

기억, 시간

내가 잡고 있던 기억들과
내가 놓아버린 기억들과
그 모든 것이 흘러내려

저들과 함께 하던 영원할 것 같던 시간이
모두 지나가 허망하게 바래져도

저 아래 직접 버린 시간이
어느새 흩어져 사라져도
나와 시간은 살아지네.

글빛 2기 김서율

세번째 챕터

바람에 단풍잎이 흔들릴 때
내 하루도 한 장씩 넘어간다.

봄날에 적은 다짐들은
더운 여름날 땀에 번지고

가을 바람에 딱딱하게 말라가
이젠 마지막 장만 남았다.

종이 한 장일 뿐인데
무거워서 손을 들 수가 없다.

아직은 때가 아닌가 보다.
가을을 보내주기 싫은가 보다.

마지막 장을 넘겼을 때
나는 어떤 사람이 되어있을까.

글빛 1기 김민서

9년

대문을 열고 들어가면
가장 먼저 꼬리치며 반겨준다
언제나 그랬듯이 변함없다
하루를 함께 시작하고
함께 마무리하는
그런 변함없는 시간들이
벌써 9년이 흘렀다
모든 것이 변해도
이 순간만큼은 영원하고 싶다.

글빛 2기 김시진

샤프란

인생의 하이라이트라고
불리는 청춘

그 길을 우린 지금
걷고 있습니다

오늘 하루도 후회 없는
청춘을 보내기 위해 애씁니다.

글빛 2기 김민정

제4부

조용히 다가온
말들 : 겨울

눈

그를 향한 내 마음은 눈이다.

눈은 얼음이 되어,
얼음은 물이 되어,
물은 수증기가 되어,
간다.

글빛 2기 박수하

그 맨(Man)

처음 당신을 보고 내 마음은
통제할 수 없을 정도로 매우
요동쳤지요

당신도 날 아직 잊지 않았으면...
만나서 얘기하자요.

내 첫사랑은 18년째
변함이 없지요.

워아이니, 아이시테루.
(我愛你, あいしてる)

글빛 2기 한채림

가짜 사랑과 하이볼

술과 탄산이 섞였어
의식이 취기와 섞였어
정신의 하이볼이 가짜 사랑을 만들고
우린 춤을 추는 거야
왈츠보단 훨씬 원시적인 그 춤을
이 춤 안에서 이 하이볼은 진짜 사랑이 될 거야

글빛 2기 김승연

잊히고, 기다리고, 만든다

나의 사랑이 태어나고, 잊혀져 간다
나의 시가 쓰이고, 잊혀져 간다
있지도 않은 사랑을, 나는 기다린다
있지도 않은 사랑을 나는 만든다

글빛 2기 김승연

여 행

차디찬 겨울 날
서로에게 의지한 채로
먼 길을 떠났다
시골 쥐가 도시로 떠난 것처럼
먼 길을 떠났다.

우리를 기다리고 있던 것들은
모든 것이 크고 높았다 무척
그에 비해 우리는
턱없이 작고 또 작았다.

허둥지둥 얼레벌레
여기 저기를 둘러보면서
바쁘게도 다녔다.
그에 비해 우리를 품고 있는
사회는 무심했다.

무심한 줄만 알았는데

그 모든 것이 영원히 서로의 머릿속에
기억되고, 그리워하는
추억이 되어줄 운명이었단 걸
누가 알았을까.

글빛 3기 전하윤

강릉역에서

소복히 쌓인 눈 위로 빨간 피가 묻는다
새하얀 철도 위에 피가 떨어진다
저기 멀리서 종소리가 들려온다
아무 일도 없었던 것처럼 뒤돌아
새빨간 발자국을 남긴다

글빛 1기 신채현

가시밭 아래

뻥 뚫린 공간
보다는 작은 공간
줄기는 엉켜
줄기 간 맺음의 공간
가시가 돋기 위해
줄기가 두꺼워지는 순간
공간은 더 좁은 공간으로

꽉 막힌 공간
그마저도 가시가
빽빽이 차지한
처지, 모두의 성공의
근간은 상처
투성이 투덜거리는
내 두 다리는 상처투성이
이제 밖으로

글빛 1기 채윤호

회색인간

회색빛 돌가루가 날리는 무채색 투성이 속에
색감의 전무를 따지며 이러쿵 저러쿵 절망할 필요가 없다.
인간다움을 포기하지 않는 게 진정한 인간의 조건이니
간절히 다시 기억해내라 그리고 살아가라 당신은 인간이다.

글빛 2기 이예지

인생

모든 걸 아는 줄만 알았던 때
너무 철없게 시간 낭비는 내 취미
큰 꿈은 있어도 힘든 건 싫어
너무 어렸네 답답한 마음에
매일 같이 숨을 고르네

글빛 2기 강채우

기회

영혼이 저승으로 가지 않고 영원하다면
원하는 삶을 위해 다시 한번 노력을 할까
의미 없이 흘러간 시간에 아까움을 알고 후회를 하고
여명이 주는 하루의 시작을 기쁘게 받아들이고
음예가 주는 어둠을 멋지게 이겨낼 수 있는 삶을 위해

*음예 : 하늘이 구름에 가려 어두워진 상태
*여명 : 희미하게 날이 밝아오는 빛

글빛 3기 전하윤

시간

엉엉 울던 아이를
눈물 삼키는 노인으로 만드는
실로 아름다운 그대여

계절의 아름다움을 그대 덕에 봅니다
벚꽃의 아름다움과 비의 우울함을
낙엽의 여유로움과 눈의 찬란함을

내게 죽음을 선물해 줄 그대여

그대와 함께라면

이조차 아름다운 마지막일 것입니다.

글빛 2기 김승연

겨울의 포말

하얀 눈이 바다 위로 내린 날
저는 당신을 그리며 바닷속에서 기다립니다.

사람들은 말합니다.
파도와 함께 떠난 자는
두 번 다시 돌아오지 않는다고

그때의 당신은 마지막 말과 함께
파도에 떠밀려 갑니다

글빛 1기 장아현

빛나는 달이여

빛나는 달이여.
잘 들어라

너가 이 세상에서
제일 빛나도

나를 뛰어넘을 수 없을 것이다.

너가 아무리
발버둥 쳐 봐도.

내가 가장 빛나리.

잘 들어라. 빛나는 달이여.

글빛 2기 박수하

나를 채워본다

어느 골목 바닥 위에 굽혀 앉아
꿈을 꾸는 듯이 눈을 감고

소리 높이 목청 놓아 노래 불러
이곳 골목 하나 채워 봐도

듣는 이는 없이 절망 속에 빠져
나는 홀로 우를 범해 본다.

글빛 2기 윤도현

찬비

떠오른 구름이 하늘을 한가득 채움에,
한 치 앞의 세상이 그늘져가네.

수많은 빗방울들이 내려와 땅을 향함에,
내가 있을 곳은 우산 아래에 한하네.

겹겹이 쌓인 눈들을 밟고 지나감에,
지나온 발자국을 괜히 서성이네.

비가 내리고 눈이 쌓인 뒤 세상은 맑아짐에,
오늘을 보내고 내일을 기약하네.

상념 멎은 듯 슬픔은 멀리 떠나지 않겠기에,
구름을 열어젖힐 하늘 속 태양을 반기네.

글빛 2기 윤도현

깨진 거울

깨진 거울이 나를 담았다.
나는 그런 거울을 닮았다.
깨진 거울을 보고 그 누가 슬퍼할까

깨진 거울 조각처럼
나는 산산이 흩어져 간다.
오늘의 나는 내가 아닌 나로 사는 기분이다.

글빛 2기 윤도현

눈물

눈물은 죽어있다
떨어진 눈물은 죽어있다
오열에 떨어진 눈물들을 그대가 죽였다

오열을 하자
젊은 시인이여 오열을 하자
활자에 대고 오열을 하자
그대가 죽인 눈물을 위로하여
오열을 하자

눈물은 죽어있다
이야기를 잃어버린 영혼을 위하여
눈물은 새벽이 지나기 전에 죽는다

오열을 하자
젊은 시인이여 오열을 하자
눈물을 죽이며
그대만의 활자를 토해내어라

글빛 2기 김승연

밤

어두운 밤이 찾아오면
밝은 별 하나를 떠올리자.

적막한 밤이 찾아오면
맑은 빗소리를 떠올리자.

차가운 밤이 찾아오면
따스한 온기를 떠올리자.

외로운 밤이 찾아오면
외로운 그 밤을 맞이하자.

글빛 2기 윤도현

또 다른 햇살

지나간 청춘들은
바람처럼 흩어졌지만

나는 오늘의 길에서
새로운 별똥별을 만든다

옛 그림자가 있던 자리에
또 다른 햇살이 비추기를 바라며.

글빛 2기 김시진

별처럼

밝게, 더 밝게.
어둠에 묻힐수록
별은 더 반짝였어.

나도 웃어야 했어
속은 울고 있었지만
그대가 해준 말이
내 마음을 붙잡았거든

그래서 난
어둠 속에서도
빛나는 척을 했어.

글빛 2기 박수하

올 겨울

그리운 겨울
올 겨울
입춘 벌써 지나
올 겨울

올 겨울 동안에
하지 못했던 것들
올 겨울 동안에
모두 다 하기

가을 저녁 저물어 지나
올 겨울
올 겨울 얼마나 추울는지
모를 겨울

이제 곧 올 겨울
올 겨울 지나면 또 올 겨울
이제 온 겨울 지나면 언제 또 올
우리 겨울

글빛 1기 채윤호

얼음이 녹는 순간

시작을 알리는 차갑던 공기
그 공기 너머 따뜻한 목소리와의 만남
그럼에도 얼어붙는 나를
굴러다니던 얼음덩어리 조각하던 손길과의 만남
얼음조각이 된 나를
빛나는 눈빛으로 지켜보던 눈동자와의 만남
투명하게 존재하는 나를
핑크빛으로 만들어준 너

다시 돌아온 차가운 공기
그 공기와 떠나간 나의 조각가

글빛 2기 김서율

그

이름 없는 번호가 울리면
네가 아닐까 숨을 참아본다.

네가 좋아하던 노래는
아직도 넘기지 못하고 듣는다.

괜찮은 줄 알았는데
가끔,
너 하나로 하루가 흐려진다

글빛 2기 한채림

그때 그 노래

그때 그 노래를 들으면
집 밖을 나서던
그 순간이 떠오른다.

평범한 하루 중 한 부분이었는데
어두워지는 하늘과 찬 공기의 냄새까지
그 순간이 떠오른다.

그 노래가 나의 그때가 되어
음표 하나하나에 내 기억이 실려있다.

글빛 2기 김예경

이름의 자리

첫발을 내딛고 힘차게 출발한 내 이름.
합격자 명단에 없습니다.
무수히 많던 이름들 속 이 한 문장으로 내 이름만 길을 잃었다.

나의 한 해가,
나의 사람들의 응원이,
한 문장으로 인해 사라졌다.

그렇게 멈추고, 다시 출발하고, 또, 달렸을 나의 이름

최종 합격을 진심으로 축하합니다.
드디어 나의 이름이 목적지에 도착하였다.

사라졌던 나의 한 해들, 나의 사람들의 응원을 다시 마주하게 되
었다.
들여다보니 내 이름 속엔 그 시간들, 응원들이 전부 녹아있었다.

글빛 지도교사 이수진

구름빵

구름처럼 퐁신하고 먹으면 하늘을 날 수 있는 구름빵이 세상에
존재하고 있다고 믿고
냄새라도 맡아보려고 엄마한테 졸랐는데 이 세상 어느
빵집도 구름빵이 없다는 말에 내 동심도 같이 없어졌다.

글빛 2기 한채림

흰색 안개

가을이 가고 겨울이 오고
눈이 내려 어느덧 12월

눈이 많이 내려 흰색
안개가 낀 듯한 날

저는 순수한 마음으로 아빠와 약속했습니다

크리스마스 선물 곰인형을
받기로요

글빛 2기 김민정

깜별이

온 가족이 추위에 떨며
집 밖으로 나가려하지 않던
너무나 차가운 겨울밤이었다.

자동차 밑에서 울던
새까맣고 새하얀 아기 고양이는
우리 가족에게 발견되어 깜별이라는 이름을 얻었다.

털이 온통 새까매서 까미
별이 많던 하늘 아래 데려와 별이
두 이름이 합쳐져 까만 별이 되었다.

깜별이의 등장으로
우리 집은 마치 우주를 품은 집처럼
커다랗고 포근해졌다.

고작 별 하나 품었을 뿐인데!

글빛 2기 김예경

닫는 말 … 1

여운을 남깁니다.

이 책을 손에 쥐고 계신 모든 분들께 감사를 전합니다.

그리고 한 가지 묻겠습니다.
당신은 무엇을 위해 이 책을 찾으셨나요?

누군가는 추억을 찾기 위해 이 책을 다시금 찾았을 테고,
누군가는 이 글을 쓸 때 느꼈던 설렘을 함께 느끼고자 읽
었을 것이고,
또 다른 누군가는 이 책에 단순한 호기심에 이끌려 열어봤
으리라 생각합니다.

다시 묻겠습니다.
당신이 원하는 것을 얻으셨나요?

이 책에 담겨있는 무수한 글 속에서,
부디 당신이 원하는 것을 얻으셨기를 간절히 바랍니다.

글빛 아래 지나간 글을 떠올리며,
별무리를 담아낸 별하늘처럼.

이제는 책장 속 작은 한 권의 추억으로 하여 가만히 표지
를 덮을 뿐입니다.

글빛 2기 윤도현

닫는 말 …2

여기에 열여섯명의 '글을 먹다가 체한 사람'이 있다.
사실 그들 중 누군가는 체하지 않았을 수도 있다.
하지만 중요한 건, 우리 모두 토했다는 것이다.
내가 존경해 마지않는 누군가들은 말한다.
본인은 체한 기분이 들 때 글을 쓴다고.
글쓰기는 배설을 하는 거라고.
우리는 토해내고,
배설한다.
마땅히 있어야 할 곳에 있는 무언가를,
쉽고도 어렵게 뱉어낸다.
입속의 침을 더럽다 느낀 적이 있는가?
담배꽁초 옆의 침을 깨끗하다 느낀 적이 있는가?
사람들은 마땅히 없어야 할 곳에 있는 이것의 이질감에 감
탄하며 필사하거나,
별로인 시를 봤다며 속으로 침을 뱉는다.
그럼에도 우리가 이 이물질을 기록하는 이유는 무엇일까.
많은 이들은 그저 자신의 이물질과,
그걸 기록하는 걸 사랑하는,
그런 딘순힌 이유일지도 모른디.

이 책은 출간하기 위해 쓴 것이 아닌,
쓰기 위해 출간한 것이다.
저자를 제외한 독자를 만족시키기 위한 게 아닌,
저자의 집필을 완성 시키기 위해 출간한 것이다.
그러니 부디, 만족스럽지 않았더라도, 그저 눈살을 찌푸리
고 넘어가 주시길.
그대를 위해 쓰지 않은 것에,

마음 상하지 마시길.
그리고 모든 저자들은,
본인을 위한, 본인의 글이 완성된 것에 미소를 지어주시길.

마지막 계절과 한해가 닫히는 걸 지켜보며.
글빛 2기 김승연이,
그대에게, 마지막 이야기 한편을 바칩니다.

글빛 2기 김승연

추신

글빛의
마지막 인사

1년 동안 성실하게 시를 썼다. 1년 동안 행복하게 시를 쓸 수 있어서 좋았다. 시집을 출간할 수 있어서 기쁘다. 시집이 빨리 출간됐으면 좋겠다. ⋯ 1기 채윤호

직접 쓴 시가 출간되는 소중한 경험을 할 수 있어서 좋았습니다. 문예부 활동을 하면서 생각을 하나 하나 손으로 직접 적으면서 생각을 말로 어떻게 표현해야 하는지, 내가 표현하고 싶은 것 무엇인지, 나는 어떤 사람인지 등을 알아가는 시간이 되어준 것 같아서 기쁩니다. 비록 조금은 어설프더라도 그 어설픔까지 같이 즐겨주셨으면 좋겠습니다. ⋯ 1기 김민서

시를 쓰고 출판하는 과정을 거치며, 자신만의 감정과 생각을 담는 방법에 대해 깊이 고민했다. 특히 어떤 감정과 느낌을 표현해야 독창적인 시를 쓸 수 있을지 탐구할수 있었다. 그 결과, 시마다 색다른 감정을 담아내는 법을 깨달을 수 있었다. ⋯ 1기 장아현

시를 쓰며 느껴지는 성취감은 나를 행복하게 만들었다. 처음에는 익숙하지 않았지만 하나씩 시를 완성하며 뿌듯함을 느꼈다 어설프게 시작된 시는 어느새 완성이 되었다. 지루하고 어렵게 느껴지던 시를 직접 써보니 마냥 지루한 것이 아니였고 감회가 새로웠다.⋯ 1기 신채현

올해 우리 문예부는 오랜 시간의 노력과 기다림 끝에 동아리 시집을 세상에 내놓게 되었습니다. 이 여정에 함께해 준 모든 부원들, 그리고 옆에서 응원해 주신 선생님께 진심으로 감사드립니다. 모두 수고하셨고 행복하시면 좋겠습니다. 저는 앞으로도 저희 문예부 글빛이 항상 빛이 났으면 좋겠습니다. … 2기 김민정

문예부에 들어오고 처음엔 어떻게 시를 쓰고 내 생각을 풀어나가야 할 지 막막하기만 했는데, 활동을 이어가며 시를 통해 나 자신을 표현해 나가는 즐거움을 새롭게 느낄 수 있었다. 또한 여러 번 수정하고 오랫동안 고민하여 완성한 시를 보면서 뿌듯함을 느끼고, 동시에 다음엔 좀 더 잘 써봐야겠다는 다짐을 했다. 앞으로도 문예부 활동을 통해 더 깊고 진솔한 감정을 담은 시를 쓰며 성장해 나가고 싶다. … 2기 김시진

한 줄의 문장을 쓰기 위해 기다리던 시간들이, 이제 한 권의 시집으로 남게 되었습니다. 처음 펜을 들었을 땐 무엇을 써야 할지도 몰랐지만, 마음속 감정들이 단어가 되어 쓰여졌습니다. 때론 이성적으로 때론 감성적으로 쓰여지던 글자들의 나열이 끝나게 되어 아쉬운 마음도 들었지만 그만큼 많은 것들을 배운 시간이 되었기에 뿌듯한 경험이 되었습니다. … 2기 김서율

시 한 편 한 편에는 제가 느낀 감정과 생각, 그리고 일상 속의 소중한 순간들이 담겨 있습니다. 이번 시집을 통해 제 이야기가 다른 사람에게 조금이라도 공감이나 위로가 되었으면 좋겠습니다. 앞으로도 꾸준히 시를 쓰며 제 마음을 솔직하게 표현하는 시인이 되고 싶습니다. … 2기 강채우

솔직히 시는 어려운 글이라 생각해, 처음엔 부담스러웠다. 막상 써보니 마음속 깊은 순간들이 불쑥 올라왔고, 내 이름으로 된 책을 내고 싶던 바람이 떠올랐다. 과거의 쓸쓸함과 벅참 같은 정리되지 않은 감정을 아무렇게나 써 내려가며 오히려 즐거웠다. 많이 배운 시간이었다. … 2기 이예지

처음 시를 쓸 때는 '좋은 시란 무엇일까', '내 마음을 어떻게 표현해야 할까' 하는 고민이 많았다. 하지만 문예부 활동을 통해 글은 함께 만들어가는 예술이라는 사실을 깨달았다. 문예부에서의 시집 출간은 나에게 단순한 결과물이 아니라, 나 자신이 성장하는 과정을 기록한 또 하나의 이야기였다. … 2기 박수하

문예부에 처음 들어올 때만 해도 내가 시를 쓰게 될 줄 몰랐고, 시집을 내게 될 줄은 더욱 몰랐다. 아마 대부분의 부원들이 그랬을 것이다. 그런 우리의 글이 모여 하나의 시집을 만들어냈다는 것이 정말 뿌듯하고 기쁘다. 모두 열심히 만든 시집이기에 보는 사람들도 기쁘게 읽어주면 좋겠다. … 2기 김예경

글을 처음 쓸 때 느꼈던 것은 설렘이었습니다. 설레는 마음으로 펜을 잡고 사색에 잠긴 채, 떠오르는 단어들을 이어써 내려간 시간은 제게 큰 의미로 다가왔습니다. 모든 뜻을 다 담지 못해 아쉬움이 남았지만, 그럼에도 무언가를 적어냈다는 사실에 만족합니다. 제가 쓴 글을 책에 담을 수 있었던 이 경험은 오래 기억에 남을 것입니다. … 2기 윤도현

처음에는 고등학생이 시집을 내는 것이 가능할지 의문이 들었지만 막상 완성된 책을 손에 쥐었을 때는 믿기지 않을 만큼 뿌듯했다. 내가 쓴 시들이 한 페이지 한 페이지에 인쇄되어 있다는 사실이 새삼 실감이 나지 않았고, 단순한 과제가 아니라 작품으로 남는 경험이었다. … 2기 한채림

시집을 출간한다는 것은 멋진 일이다. 자비 출판을 환영하는 나로서는 멋진 경험이기도 하다. 시집 공동 저자에 이름이 올라간 것은 처음이다. 많은 우수한 이들과 나란히 노래하는 것이, 참 영광스러웠다고 생각한다. … 2기 김승연

초등학교 이후로 다시 제 이름이 담긴 시집을 출간하게 되어 정말 기뻤어요. 이번에는 재미를 추구하던 어릴 때와 달리, 제 생각과 감정을 차분히 되돌아보며 더 진지하게 담아낼 수 있었고. 작가를 꿈꾸는 지금 이 활동이 제 진로에 한 걸음 가까워지게 해준 소중한 시간이었다고 생각해요! 편하게 시를 쓸 수 있도록 이끌어주신 수진 선생님과 멋진 작품을 함께한 선배님들께 감사드리며, 이 시집이 단순한 결과물이 아니라 우리 문예부 모두가 함께 보낸 소중한 시간으로 기억되길 바라요! … 3기 전하윤

드디어 저희의 시집이 세상에 첫 발을 내딛었습니다. 이한 권에는 저와 아이들이 함께 보낸 사계절의 숨결이 고스란히 담겨 있습니다. 이이들의 맑은 마음이 여러분의 하루를 살며시 위로한다면, 저는 그것만으로도 충분히 행복합니다. 오늘도, 그리고 앞으로도 이 자리에서 변함없이 아이들과 함께하겠습니다. 감사합니다. … 글빛 지도교사 이수진

글빛 아래 첫 문장

2025년 11월 19일 인쇄
2025년 11월 21일 발행

지은이 / 글빛
발행인 / 홍명수
발행처 / 성원인쇄문화사
출판등록 / 강릉2007-5

25572 강원특별자치도 강릉시 성덕포남로 188
Tel (033)652-6375 / Fax (033)652-1228
E-mail 6526375@naver.com

값 12,000원

ISBN 979-11-92224-66-4(03800)